CONTENTS

پڑھنا شروع کرنے کیلئے کوئی بھی عمر بہت چھوٹی نہیں ہوتی

آپ کا ننھا بچہ بہت شوق سے آپ کے ساتھ تصویریں دیکھے گا اور آپ کی آواز سنے گا۔ چھوٹے بچوں کو منظوم کہانیاں اور تکرار بہت پسند ہیں اور وہ بہت جلد ان کہانیوں کو یاد کر لیتے ہیں جن کو وہ بار بار سنتے ہیں۔ وہ ایسا ظاہر کریں گے جیسے وہ واقعی اپنی پسندیدہ کہانی پڑھ رہے ہیں اور آپکو سنا رہے ہیں۔ وہ حرفوں کی بناوٹ اور دائروں میں الفاظ تلاش کریں گے اور پہچانیں گے۔ یہی پڑھنا سیکھنے کی طرف پہلا قدم ہے۔

IT IS NEVER TOO EARLY TO START

Your baby will love looking at picture books with you and listening to the sound of your voice. Toddlers love rhyme and repetition and will soon learn stories which they will want to hear again and again. They will pretend to read their favourite books or want to tell you stories. They may start to match the words they know to squiggles on the page. These are the first steps to reading.

4

آیئے پڑھیں

LET'S READ

Written by Camden Libraries & Information

mantra

اِس کتاب کے متعلق

والدین کے ناطے آپ اپنے بچے کے سب سے پہلے اُستاد ہیں

اگر آپ بچوں کے ساتھ مل کر کتابیں پڑھیں تو وہ بہت کم عمری سے پڑھنے میں دلچسپی لینے لگیں گے۔ چھوٹی عمر کے بچے جب گھر پر کتابیں پڑھیں گے اور اُن کی مدد کیلئے کوئی بڑا شخص موجود ہو گا تو وہ بہت جلد کتابوں سے محبت کرنے لگیں گے جو ساری زندگی قائم رہے گی۔

یہ کتاب آپ کو کچھ ایسے طریقے بتاتی ہے جس کے ذریعے آپ اور آپ کے بچے مل کر کتابوں سے لطف اندوز ہو سکتے ہیں اور کتابیں پڑھنا ایک دلچسپ مشغلہ بن سکتا ہے۔

ABOUT THIS BOOK

As a parent you are your child's first teacher.

You can help your child to read by sharing books together from an early age. Young children who read at home with a caring adult will soon develop a love of books and reading which will last for years.

This book describes some of the ways in which you can share books and make reading fun for both of you.

آپ کتابیں ہر جگہ مل کر پڑھ سکتے ہیں

کتاب پڑھنا اپنی روز مرّہ زندگی کا ایک حصّہ بنا لیجئے۔ یہ عادت ڈالیئے کہ جہاں بھی آپ جائیں کتاب ساتھ لیجائیں۔ چاہے ڈاکٹر یا ڈینٹسٹ کے پاس جا رہے ہوں یا بس اور موٹر میں سیر کے لئے، یا دوستوں سے ملنے کا ارادہ ہو۔

YOU CAN SHARE BOOKS ANYWHERE

Make reading a part of your everyday life. Get into a habit of always taking a book with you when you go to visit the doctor or the dentist, or on trips in the car or on the bus or when you visit friends.

پڑھنے کا تعلق صرف کتابوں سے ہی نہیں ہے

الفاظ ہر جگہ ہیں ۔ ہر سڑک پر نشانات ہوتے ہیں۔ دکانوں کے ناموں، بس کے نمبروں، پوسٹروں اور اشتہاروں میں بھی الفاظ ہیں۔ گھر پر چیزوں کے پیکٹ اور ڈبوں پر نام ہوتے ہیں۔ اخبار اور رسالے ہوں یا خط اور کارڈ۔ آپ یہ سب چیزیں پڑھنا سیکھنے کے لئے استعمال کر سکتے ہیں۔

Words are everywhere. On the street there are signs, shop names, bus numbers, posters and advertisements.

At home, there are labels on packets and tins, newspapers and magazines, letters and cards. You can use all of these to help with reading.

READING IS NOT JUST ABOUT BOOKS

مختلف قسم کے کھیل مثلاً "بوجھو تو جانیں "یا ایسے حرف استعمال کرنا
جس میں آپ کے بچے کو دلچسپی ہو یا جس حرف سے اس کا نام شروع ہوتا
ہو ۔ ان سب چیزوں سے اس کو حروف اور الفاظ پہچاننے میں مدد ملے
گی۔

بچے اپنے متعلق اور اپنے تجربات کے متعلق بات چیت کرنا پسند کرتے
ہیں ۔ لہذا، ان کو اپنے متعلق ایک کتاب ترتیب دینے میں مدد کیجئے۔ یہ
بھی ایک بہت اچھی ابتدا ہے۔

Playing games such as *I Spy*, or using alphabets to make words they are interested in, for example their names, will help your child to learn about letters and words.

Children love talking about themselves and their experiences. So help them to make their own books. This can be a great starting point for reading.

LEARNING TO READ

Children who have shared books from a young age and have listened to other readers will be well on the way to becoming readers themselves. As your child starts reading at school you can help by continuing to read together at home and by talking about the books you have read. Try to read together for at least 20 minutes each day. Listening to your child reading, helping with difficult words and praising their efforts will give them greater confidence. Don't forget, they will still enjoy hearing you read or tell stories.

پڑھنا سیکھنا

وہ بچے جنہوں نے دوسروں کے ساتھ ملکر کتابیں پڑھی ہیں یا دوسروں کو پڑھتے سنا ہے بہت جلد خود پڑھنا سیکھ جائیں گے ۔ جب آپ کا بچہ اسکول میں کتابیں پڑھنا شروع کرے تو آپ وہ کتاب گھر پر بھی اس کے ساتھ پڑھ سکتے ہیں اور کتاب کے متعلق بات چیت کر سکتے ہیں۔ کوشش کیجئے کہ روزانہ کم از کم بیس منٹ بچے کے ساتھ کتاب پڑھیں، بچے کو پڑھتے سننا، مشکل الفاظ پڑھنے میں مدد کرنا اور اس کی کوشش کی تعریف کرنا ضروری ہے۔ اس سے بچے میں خود اعتمادی پیدا ہو گی۔ یہ مت بھولیئے کہ وہ اب بھی آپ کی پڑھی ہوئی یا کہی ہوئی کہانیاں سننا پسند کریں گے۔

اسکول کس طرح مدد کر سکتے ہیں

بہت سے اسکولوں میں گھر اور اسکول کے درمیان کتابوں کے تبادلے کا سلسلہ ہے جس سے بچوں کو پڑھنے میں کافی مدد ملتی ہے ۔ اس کا نام "پیکٹ" بھی ہے۔ یعنی والدین بچے اور اُستاد۔ اسکول کی طرف سے ہر بچے کے ساتھ پڑھنے کی کتاب اور اس کا ریکارڈ رکھنے کی کتاب بھیجی جاتی ہے تاکہ اس کی ترقی کا اندازہ ہو سکے ۔ اس کتاب پر والدین اور استاد دونوں کا مکالمہ ہوتا ہے۔

والدین کلاس روم میں بھی بہت مددگار ثابت ہو سکتے ہیں اور زیادہ تر اسکول ان کو خوش آمدید کہتے ہیں ۔ آپ بچوں کو پڑھتے ہوئے سن کریا اُن کو خود کچھ سنا کر مدد کر سکتے ہیں۔ مثلاً آپ اپنی زبان میں کہانی پڑھ کر سنا سکتے ہیں۔ کلاس روم میں مددگار بننے سے آپ کو بھی لطف آئے گا اور دوسروں کو بھی فائدہ پہنچے گا۔ آپ اپنے بچے کے اُستاد سے تفصیل پوچھ سکتے ہیں۔

HOW SCHOOLS CAN HELP

Many schools have home/school reading schemes to support children's reading. These are sometimes called **PACT** - Parents, Children and Teachers. Schools will lend children books to share at home and send home a record card to keep both parents and teachers in touch over the child's progress.

Parents can play an important part in the classroom and most schools welcome their support. You can help by listening to children read or by reading aloud to them. Perhaps you can read a story for the class in your own language. Helping in the classroom can be an enjoyable experience for you and all the children. Ask your child's teacher for more infor-mation.

اگر آپ کے بچے کی کتابیں غیر دلچسپ ہیں...

ذرا پھر سوچیئے...

تو ایسی کتابیں ملتی ہیں جو ہر عمر، ہر ایک کی دلچسپی اور ہر ایک کے مزاج کے مطابق ہوتی ہیں

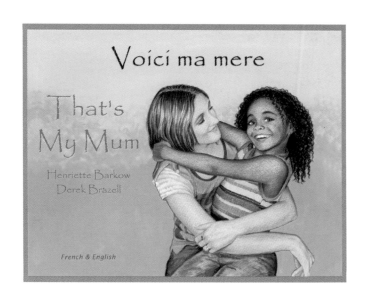

IF YOU THINK CHILDREN'S BOOKS ARE BORING ...
THINK AGAIN ...

There are books to suit every age, every
mood and every interest.

SPEAKING MORE THAN ONE LANGUAGE

If your home language is not English, you can read and speak to your child in your own language. Speaking more than one language is a great advantage and will not make it harder for your child to learn English. It is in fact an important part of their language development. Research has shown that a good foundation in the home language is essential for progress at school.

However if your child is learning to read in a language that is not their home language, it is important for you to give them extra help. You can read and talk about books and stories in your home language as well as in English. You can use dual language books, where the story is told in both languages. It may be helpful too for children to listen to story tapes in English and in their home language whilst looking at pictures in a book.

You can usually borrow dual language books and story tapes from your local library or from your child's school.

ایک سے زیادہ زبانیں بولنا

اگر آپ کی مادری زبان انگریزی نہیں ہے تو آپ اپنے بچے کے ساتھ اپنی زبان میں بات کر سکتے ہیں اور پڑھ سکتے ہیں۔ ایک سے زیادہ زبانیں بولنا بہت فائدہ مند ثابت ہو سکتا ہے اور اس سے انگریزی سیکھنے میں کوئی مشکل پیش نہیں آئیگی بلکہ یہ بات زبان سیکھنے میں بہت اہم کردار ادا کرے گی۔ تحقیق سے ثابت ہوا ہے کہ اپنی زبان میں اچھی بنیاد ہو تو اسکول میں کامیابی کا ایک ضروری حصّہ بن سکتی ہے۔

ہاں، اگر آپ کا بچہ ایسی زبان سیکھ رہا ہے جو اس کے گھر میں بولی جانے والی زبان نہیں ہے تو اس کو مدد کی ضرورت ہوگی۔ آپ کتابوں اور کہانیوں کے متعلق دونوں زبانوں میں گفتگو کر سکتے ہیں۔ آپ ایسی کتابیں بھی استعمال کر سکتے ہیں جو دو زبانوں میں لکھی ہوئی ہیں یعنی ایک طرف بچے کی مادری زبان اور دوسری طرف انگریزی۔ اس کے علاوہ کہانیوں کے ٹیپ بھی دو زبانوں میں سنے جا سکتے ہیں۔ بچہ کتاب میں تصویروں کے ذریعہ کہانی سمجھ سکتا ہے۔

دو زبانوں میں لکھی ہوئی کتابیں اور ان کی کہانیوں کے ٹیپ آپ کو اپنے محلے کی لائبریری یا اسکول سے اُدھار مل سکتے ہیں۔

YOU DON'T HAVE TO STICK TO STORY BOOKS

Children will enjoy reading comics, information books, puzzle books and poems as well as stories. Share their interests by talking about what they are reading.

If they enjoy television or films, you can show them how to look up the programmes they want to watch in the newspaper or TV magazines. Look out too for captions on television or for activity books which relate to films or television programmes. Books that have been serialised or made into films can also be useful.

یہ ضروری نہیں کہ آپ صرف کہانیوں کی کتابیں استعمال کریں

بچے کہانیوں کے علاوہ کومک ، معلوماتی کتابیں، معمے اور سوالوں کی کتابیں ، نظموں کی کتابیں وغیرہ بھی بہت شوق سے پڑھتے ہیں۔ ان کے شوق کی کتابوں میں آپ بھی دلچسپی لیجئے۔

اگر اِن کو ٹیلی وژن یا فلم دیکھنے کا شوق ہے تو آپ اُن کو بتائیے کہ وہ کس طرح اپنی پسند کے پروگرام، اخبار یا ٹیلی وژن میگزین میں دیکھ سکتے ہیں۔ اسکے علاوہ تصویر کے نیچے جو الفاظ نظر آتے ہیں وہ پڑھنے کی کوشش کریں۔ ایسی کتابیں بھی ملتی ہیں جن میں ٹیلی وژن پروگرام پر مبنی سوال جواب یا کھیل ہوتے ہیں۔ ایسی کتابیں بھی فائدہ مند ہیں جن کو ٹیلی وژن پر سلسلہ وار پروگرام میں دکھایا گیا ہے یا جن کے اُوپر فلمیں بن چکی ہیں۔

کمپیوٹر سی ڈی روم اور انٹرنیٹ

آپ یہ سب چیزیں اپنے بچے کو پڑھنا سکھانے میں استعمال کر سکتے ہیں۔ یہ ضروری نہیں کہ آپ کے پاس کمپیوٹر ہو۔ زیادہ تر بڑی لائبریریوں میں کمپیوٹر اور اس کے ساتھ استعمال کرنے کی چیزیں ہوتی ہیں۔ چھوٹے بچوں کے لئے سی ڈی روم پر ایسی کہانیاں ہوتی ہیں جن میں وہ خود حصّہ لے سکتے ہیں اور ذرا بڑے بچوں کے لئے سی ڈی روم پر کئی عنوانات پر معلوماتی پروگرام ہوتے ہیں۔

COMPUTERS, CD ROMS, INTERNET ...

You can share all these with your child and use them to help with reading. You don't have to have your own computer. Most larger libraries have computers and software that children can use. For younger children there are interactive stories on CD Rom and for older children there are many topic based information CD Roms.

15

آگے بڑھنا۔۔۔

ایک بار آپ کے بچے نے آسان کتاب پڑھنا سیکھ لی تو پھر اُس کے لئے لمبی کہانیوں کی کتابیں اور کم تصویروں والی تحریریں ایک ہی جست میں پڑھ ڈالنے کی ہمت آجائیگی۔ یہ ضروری ہے کہ پڑھنے میں بچوں کی دلچسپی قائم رہے۔ اس کے علاوہ ان کے ساتھ کتاب کا ایک باب روز ساتھ ملکر پڑھنا یا باری باری ایک باب پڑھنا فائدہ مند ہوگا۔ بڑے بہن بھائی کی مدد بھی لی جاسکتی ہے۔

Once your child can read a simple text alone they will probably be ready to make the jump from reading picture books to reading longer stories with chapters and only a few illustrations. To make sure they still enjoy reading and don't get tired as they read, try reading just a chapter a day, or reading a chapter each, or ask an older brother or sister to join in and read with you.

16

MOVING ON

جب آپکے بچے کا اعتماد بڑھتا ہے تو وہ زور دار آواز میں پڑھنا شروع کر دیتا ہے۔ ایسا لگتا ہے کہ الفاظ اتنی تیزی سے سامنے نہیں آ رہے ہیں جیسے وہ چاہتا ہے۔ یہ بھی ایک اچھی نشانی ہے کہ آپ کا بچہ خاموشی سے پڑھنے کیلئے تیار ہے۔ بہر حال اپنی دلچسپی دکھانے کے لئے ان کتابوں کے متعلق باتیں کرتے رہیں جو آپکا بچہ یا بچی پڑھ رہی ہے۔ اس سے کہیں کہ وہ آپکو اپنا پسندیدہ حصّہ پڑھکر سنائے اور اِس سطح پر بھی بچوں کو کتابیں سنانے کا موقع نہ کھوئیں۔ بہت سی کہانیاں اور نظمیں ہیں جو وہ آپ سے سننا پسند کریں گے۔

As your child becomes more confident, you may notice that reading aloud speeds up - almost as if the words can't come out fast enough. This is a good sign that your child is ready to read silently. However continue to show an interest by talking about the books she is reading and suggest that she read you her favourite passage. And even at this stage, don't miss an opportunity to read to your child - there are plenty of stories and poems they will enjoy listening to.

17

لائبریریاں کس طرح مدد کر سکتی ہیں

لائبریریاں آپکے اور آپکے بچوں کے لئے کتابیں مہیا کرنے کا بہت بڑا ذریعہ ہیں اور اُن میں شمولیت کرنے کیلیئے کوئی بھی بہت چھوٹا نہیں ہے۔ ہر لائبریری میں ایک حصّہ بچوں کیلیئے ہوتا ہے جہاں طرح طرح کی کتابیں ہوتی ہیں مثلاً ننھے بچوں کی کتابیں، تصویروں کی کتابیں، بچوں کی نظمیں، حروف سیکھنے کی کتابیں، پریوں کی کہانیاں، افسانے، ناول اور معلوماتی کتابیں۔ آپکے محلے کی لائبریری میں کہانیوں کے ویڈیو اور ٹیپ بھی ہونگے جو اُن اوقات میں فائدہ مند ثابت ہونگے جب آپ خود اپنے بچے کو پڑھنے کے لئے وقت نہیں دے سکتے۔

Libraries are a great source of books for you and your child and nobody is ever too young to join. Every library has a section for children where you will find books for babies, picture books, nursery rhymes, alphabet books, fairy tales, short stories, novels and information books. Your local library will also have stories on video or cassette which may be ideal for times when you cannot read to your child.

HOW LIBRARIES CAN HELP

لائبریری میں ساتھ ملکر کتابیں پسند کرنے کی عادت ڈالیئے۔ اپنے
بچے کو کتابیں خود بھی پسند کرنے کیلیئے کہیں خاص طور سے نئے لکھنے
والوں کی کتابیں۔ ایسی کتابیں تلاش کریں جو آپ دونوں پڑھ کر لطف
اُٹھا سکیں۔

بہت سی لائبریریوں میں کہانی سننے کی نشست ہوتی ہے اور ذرا بڑے
بچوں کیلیئے گرمیوں کی چھٹیوں کے دوران پڑھائی کے کلب بھی ہوتے
ہیں۔ اپنی قریبی لائبریری سے مزید معلومات حاصل کریں۔

Make a habit of choosing books together at the library. Let your child choose their own books and also encourage them to try new authors or new books. Find books that you both enjoy sharing.

Many libraries have story-times for young children and run summer holiday reading clubs for older children. Ask at your local library for more information.

READING TOGETHER - SOME USEFUL TIPS

· Find somewhere without too many distractions and get comfortable!

· Before starting a book together; talk about the picture on the cover, the person who wrote the book and what it might be about.

· As you read, stop and talk about the story and pictures, discuss what has happened and what might happen next.
Talking like this will help your child to understand and enjoy the book more.

· If your child is reading and gets stuck on a word, help them to have a go.

Give clues such as, *"Can you guess what would make sense? Can you guess what comes next? Does the picture tell us anything? Does the sound of the first letter help?"*
If these do not help, don't be impatient, just read the word yourself and carry on. If you have to read lots of words, then the book is probably too difficult for your child. Finish reading the story yourself, and try an easier book next time.

ساتھ ملکر پڑھنا۔ کچھ فائدہ مند نکات

- کوئی ایسی جگہ تلاش کیجئے جہاں زیادہ شور وغل نہ ہو اور آپ آرام سے بیٹھ سکیں۔

- کتاب شروع کرنے سے پہلے اس کے سرورق کی تصویر کے متعلق کچھ بات چیت کیجئے۔ یہ بھی بتائیں کہ کتاب کس نے لکھی ہے اور کس چیز کے متعلق ہوگی۔

- کتاب پڑھنے کے دوران کچھ دیر رکیں اور اب تک جو کچھ پڑھا ہے اُس کے اور تصاویر کے متعلق بات چیت کریں۔ یہ بھی سوچیں کہ آگے کیا ہونے کا امکان ہے۔ اِس طرح کی بات چیت سے آپکے بچے کو کتاب میں دلچسپی پیدا ہوگی اور کہانی سمجھنے میں آسانی ہوگی۔

- اگر آپکا بچہ پڑھتے پڑھتے کسی لفظ پر اٹک جائے تو اس کو خود ہی کوشش کرنے کی ہمت دلائیے۔

اُس طرح کے سوال پوچھئے "کیا تم اندازہ لگا سکتے ہو کہ کس لفظ سے صحیح مطلب نکلے گا؟ کیا تم اندازہ لگا سکتے ہو کہ آگے کیا ہونے والا ہے؟ کیا تصویر سے تم کوئی مطلب نکال سکتے ہو؟ کیا اس لفظ کے پہلے حرف سے کچھ مدد مل سکتی ہے؟"
اگر اِن سب سوالات سے کوئی فائدہ نہ ہو تو جھنجھلانے کی ضرورت نہیں۔ آپ وہ لفظ خود بتا دیں اور آگے پڑھتے جائیں۔ اگر آپکو خود بہت سے الفاظ بتانا پڑیں تو اِس کا مطلب ہے یہ کتاب آپکے بچے کیلئے زیادہ مشکل ہے۔ باقی کہانی آپ خود ہی پڑھ کر سنا دیں اور اگلی دفعہ ذرا آسان کتاب تلاش کریں۔

READING TOGETHER - SOME USEFUL TIPS

- Children must not be afraid of making mistakes. Try not to interrupt immediately if they get a word wrong. Only correct them or help them to correct themselves if they are not making sense of what they are reading. If they read *mum* instead of *mummy*, don't worry, they have made sense of the words and understood their meaning; if they read *horse* instead of *house*, they may not have understood the meaning of the words and will probably need your help. If they are struggling, don't get impatient - take over and read with them.

- When you have finished the book, talk about the story together. Find out how much they have understood. Be careful not to turn it into a test. Let your child ask questions as well as answer them; tell them what you thought about the story.

ساتھ ملکر پڑھنا۔ کچھ فائدہ مند نکات

• بچوں کو پڑھنے میں غلطی کرنے سے ڈرنا نہیں چاہئے، اگر وہ کوئی لفظ غلط پڑھیں تو آپ کوشش کیجئے کہ فوراً ہی اُنکو نہ ٹوکیں۔ صرف اس وقت اُنکی غلطی ان کو بتائیں جب ان کے پڑھنے کا کوئی مطلب نہ نکلتا ہو۔ اگر وہ لفظ "ممی" کی جگہ "مم" کہیں تو آپ پرواہ نہ کریں کیونکہ انھوں نے اپنا مطلب پورا کر لیا ہے اور جو کچھ وہ پڑھ رہے ہیں اس کو سمجھ گئے ہیں۔ ہاں، اگر وہ "ہاؤس" کی جگہ "ہورس" پڑھیں تو اس سے ظاہر ہوتا ہے کہ وہ مطلب نہیں سمجھ رہے ہیں اور اُن کو آپ کی مدد کی ضرورت ہے۔ اگر وہ پڑھتے پڑھتے جگہ جگہ اٹک رہے ہیں تو آپ بے صبری نہ دکھائیں بلکہ ان کے ساتھ ملکر پڑھیں۔

• جب کتاب ختم ہو جائے تو آپ دونوں ملکر اُس کے متعلق باتیں کریں ۔ معلوم کیجئے کہ اُس نے کتاب کو کس حد تک سمجھا ہے۔ لیکن یہ خیال رہے کہ اس کو امتحان کا رنگ نہ دے دیں۔ اپنے بچے کو سوال اور جواب دونوں کا موقع دیجئے۔ ان کو یہ بھی بتائیے کہ آپ کا اپنا اِس کہانی کے بارے میں کیا خیال ہے۔

READING TOGETHER
- SOME USEFUL TIPS

- Children thrive on praise and encouragement and make faster progress if they feel confident. Always praise them when they have read well, especially if they have corrected their own mistakes or got it right after you have given them a clue.

- Children learn by example and imitation - if they never see you pick up a book and read for sheer enjoyment, why should they? Seeing you read will make them want to read, too.

ساتھ ملکر پڑھنا - کچھ فائدہ مند نکات

- ہمت دلانے اور تعریف کرنے سے بچوں کا دل بڑا ہوتا ہے اور اگر وہ پُر اعتماد ہوں تو جلدی ترقی کر سکتے ہیں۔ بچوں کے پڑھنے کے بعد ہمیشہ اُن کی تعریف کیجئے خاص طور سے اگر انھوں نے اپنی غلطیاں خود صحیح کر لی ہوں یا آپ نے کوئی چھوٹا سا اشارہ دیا ہو۔

- بچے اپنے سامنے نظر آنے والی مثال کی نقل کرتے ہیں۔ اگر وہ یہ نہ دیکھتے ہوں کہ آپ کبھی کبھی صرف تفریح کیلئے کتاب پڑھتے ہیں تو وہ خود ایسا کیوں کریں گے؟ آپ کو پڑھتا دیکھ کر ان کو بھی پڑھنے کا شوق پیدا ہو گا۔